빈센트 반 고흐는 1853년 네덜란드에서 태어났어요.

빈센트는 우리에게 그림뿐만 아니라 편지도 남기고 떠났답니다.
빈센트는 네 살 어린 동생 테오에게 마음속 깊이 숨겨둔 생각과 열망을 털어놓았어요.
바람처럼 세차게 흔드는 그 느낌, 색으로 온갖 실험을 하고자 했던 충동을 고백했죠.
형제의 편지를 읽고 나서 바라본 하늘과 구름과 나무는 전과 달리 새로워 보였어요.
이 형제가 얼마나 지극한 우애를 나누었는지 알 수 있었답니다.

—작가의 말

역자 조은형

성균관대학교 의상학과를 졸업한 후 이화여자대학교 통번역 대학원 한영번역과를 졸업했다.
현재 번역 에이전시 엔터스코리아에서 출판 기획자 및 전문 번역가로 활동하고 있다.
주요 역서로는 『샤넬: 자유, 사랑 그리고 미학』, 『양말 신는 법』, 『어반 스케치 핸드북: 101가지 스케치 팁』,
『어반 스케치 핸드북: 인물과 움직임』, 『브리지먼 동작 드로잉』, 『인물 드로잉(완역본)』,
『내가 만든 명품 천, 탐나는 가방』 등이 있다.

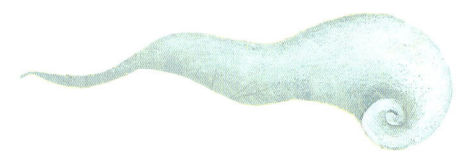

바람의 색 빈센트 반 고흐

글 키아라 로사니 | **그림** 옥타비아 모나코 | **옮김** 조은형 | **펴낸날** 2022년 12월 5일 초판 1쇄
펴낸이 김상수 | **펴낸곳** 루크하우스 | **기획·편집** 이성령, 권정화, 전다은 | **디자인** 문정선, 조은영 | **영업·마케팅** 황형석, 임혜은
주소 서울시 서초구 사임당로 50 해양빌딩 504호 | **전화** 02)468-5057 | **팩스** 02)468-5051 | **출판등록** 2010년 12월 15일 제2010-59호
www.lukhouse.com cafe.naver.com/lukhouse

ISBN 979-11-5568-542-6 74600 ISBN 979-11-5568-506-8(세트)

※ 잘못된 책은 구입처에서 바꾸어 드립니다.
※ 값은 뒤표지에 있습니다.

상상의집은 (주)루크하우스의 아동출판 브랜드입니다.

Vincent Van Gogh and the Colours of the Wind by Chiara Lossani and Octavia Monaco
Texts © Chiara Lossani
Illustrations © Octavia Monaco
Copyright © "Edizioni Arka S.r.l., Milano 73/75 - 20010 Cornaredo (Milano), Italia"
Crediti fotografici:
Originali di Vincent Van Gogh © Bridgeman Art Library, London, UK
Diritti riservati per tutti i paesi
Korean translation rights © Lukhouse 2022
Korean translation rights are arranged with Il Castello S.R.L. through AMO Agency, Korea
All rights reserved.

이 책의 한국어판 저작권은 AMO에이전시를 통해 저작권자와 독점 계약한 루크하우스에 있습니다.
저작권법에 의해 한국 내에서 보호를 받는 저작물이므로 무단 전재와 무단 복제를 금합니다.

빈센트 반 고흐
바람의 색

빈센트가 테오에게 쓴 편지를 참조해
키아라 로사니가 쓰고
옥타비아 모나코가 그리다.

쥔데르트에 봄이 찾아왔어요.
반 고흐 가족이 사는 목사관 주변의 들판이 온통 꽃으로 뒤덮였죠.
빈센트는 마치 바람을 삼키기라도 할 것처럼 입을 크게 벌리고 뛰어다녔어요.
"테오! 여기 좀 봐! 너무 아름다워!"
빈센트는 테오에게 소리쳤어요.
바람은 형제의 빨간 머리를 헝클어뜨리며 둘을 감싸 안았어요.
빈센트는 풀잎 사이에 있는 거미들을 구경했어요.
테오도 함께 바라보았지요.
빈센트가 삼촌의 미술책을 보면 테오도 미술책을 넘겼어요.
빈센트가 무엇이든 그리면 테오도 따라 그렸답니다.
"그래도 형이 나보다 잘 그려!"
테오는 웃으면서 인정했어요.

테오가 걸으면 빈센트는 달렸어요.
테오는 차분하게 말했지만, 빈센트는 마치 풍차를 돌리듯이
큰 몸짓과 손짓을 하며 수선스럽게 말했어요.
테오는 사람들과 잘 어울렸지만, 빈센트는 사람들과 사이가 좋지 않았어요.
그래서 친구들은 테오만 놀이에 끼워 주고 빈센트와는 놀아 주지 않았답니다.
하지만 테오는 형을 위해서라면 뭐든지 할 수 있었어요.
"너희 둘은 언제까지나 가깝게 지낼 거야."
바람이 속삭였어요.
"내가 너희에게 다른 운명의 바람을 불어넣어도 말이지."

빈센트와 테오는 삼촌이 소개해 준 예술품 갤러리에서 일하게 되었어요.
갤러리는 헤이그, 파리, 런던에 있었고, 둘은 각자 다른 도시에서 일했어요.
빈센트는 새로운 세상에 흠뻑 취해 마음껏 행복을 누렸어요.
"화가는 우리에게 보는 법을 가르쳐 줘."
그는 동생에게 쓴 편지지 모서리, 빈 곳, 그리고 맨 아래 남는 자리까지 온통 그림을 그렸답니다.

하지만 시간이 지나자, 그는 일에서 어떠한 재미도 찾지 못했어요.
"요즘 손님들이랑은 잘 지내고 있어?"
어느 날 바람이 속삭였어요.
"난 해고당했어. 모든 사람들과 사이가 틀어졌거든.
그렇게 흉한 그림을 마치 아름다운 작품인 것처럼 연기하면서 파는 짓도 더는 못하겠어!
게다가 여자들은 날 거부해. 날 힘들게만 해."

빈센트는 모든 사람에게 실망하여 어찌할 바를 몰랐어요.
이런 생각은 그의 정신을 갉아먹었고, 오직 기도와 성경만이 위안이 되었어요.
"이봐, 뭘 하고 싶어? 너도 꿈이 있지 않아?"
바람이 휘 소리를 내었어요.
빈센트의 마음에는 분명 꿈이라는 작은 싹이 트고 있었어요.
"나는 우리 아버지처럼 전도사가 되고 싶어. 가난한 사람들에게 복음을 전파할 거야."

빈센트는 바로 신학 공부에 매진하며 밤낮으로 복음서를 파고들었어요.
그러던 어느 날, 벨기에의 광부들에게 복음을 전할 기회가 생겼어요.
그는 가진 것은 무엇이든 주었고 광부들이 아프면 극진히 돌봤어요.
그들과 함께 갱으로 내려갈 때는 그림에 관해 얘기했지요.
자신에게 아무것도 남아 있지 않을 때까지 그들에게 주고 또 주었답니다.
"빈센트, 이렇게 살면 너무 힘들잖아. 형은 먹지도, 자지도 않고 깜깜한 암흑 속에서 살고 있어."
테오는 편지에서 형에 대한 걱정을 털어놓았어요.
"그 애가 하는 말은 듣지 마. 그리고 예술도 빛을 가져올 수 있단다."
바람이 속삭였어요.

테오의 말이 맞았어요.
연기로 꽉 막힌 하늘 아래, 한줄기 태양 빛이 닿는 곳은 찾아볼 수 없었어요.
허름한 판잣집과 거대한 석탄 더미로 삭막하기 그지없는 풍경이 이어졌지요.
하지만 빈센트의 예리한 눈은 밝은 면을 찾아냈어요.
"가시나무 덤불은 목탄 스케치로 그리듯이 자라나고,
초가집으로 돌아오는 광부들은 검댕을 뒤집어쓴 굴뚝 청소부 같다."
"빈센트, 제발 덜 힘든 일을 찾아!"
빈센트의 편지를 받은 테오는 애원했어요. 하지만 빈센트는 듣지 않았어요.
둘은 사이가 멀어지고 말았지요. 주고받던 편지도 끊기고요.
"누더기를 입고서 예수님 말씀과 그림 얘기만 하느라 정신이 없는 네가 어떻게 좋은 목사가 될 수 있겠니?"
선배 목사들은 빈센트를 나무라며 그를 내보냈어요.
외로운 빈센트의 마음속에 한바탕 바람이 몰아쳤어요.
"이제 뭘 할 거지? 뭐가 될 거야?"

결국 빈센트는 무너졌어요.
테오와 사이도 멀어지고, 직장도 잃었죠.
신의 날개 속에 숨어버린 새처럼,
빈센트는 생각에 파묻혀
캄캄한 어둠 속에서 움직일 수 없었어요.
그는 분명히 자기 안에 힘이 있다는 것을 알았어요.
하지만 그게 무엇인지 정확히 몰랐어요.
왜 그것을 찾지 못하는지 답답했지요.

바람이 그의 머리를 어루만졌어요.
그러자 새가 털갈이하듯 어두운 생각들이 하나둘씩 날아갔어요.
"다시는 변화를 두려워하지 마.
마음을 열고 네가 보는 것과 느끼는 것을 그려 봐.
다른 길도 가보고 그림도 그렇게 시작해.
네가 박물관에서 그렇게 감탄하던 위대한 작가들의 그림을 따라 그려 봐."

새로운 꿈은 그의 마음속에 과감히 자리를 잡았어요.
빈센트는 그림이야말로 이 세상에 대한 답이라고 느꼈어요.
마침내 형제의 침묵도 깨졌지요.
"서로 사랑하는 마음이 있다면 감옥 문도 열 수 있어.
나는 화가가 될 거야!"

파리에 있던 테오는 즉시 두 팔 벌려 환영했어요.
빈센트가 집을 빌리고 식료품을 사고 물감과 캔버스*를 살 돈을 보냈어요.

"형, 이제 그림만 생각해. 내가 형의 그림을 팔아 줄게!"
빈센트의 삶은 새로운 빛으로 흠뻑 젖었어요.
새로운 모험이 시작된 거예요.

*캔버스 유화를 그릴 때 쓰는 천.

빈센트의 마음에 음악과 하모니가 울려 퍼지는 날들이 이어졌어요.

그는 매일 그림을 그렸고, 밤에는 그림 기법에 관한 책을 읽었어요.
때로는 예술가 친구들이 여는 강좌에 참석하기도 했어요.
하지만 자연이야말로 그의 진정한 스승이었지요.
그에게 빛, 그림자, 형태를 가르쳐준 것은 자연이었어요.
그는 자연이 건네는 말에 귀를 기울이고 배운 것을 적었어요.
잎이 없는 나무, 허름한 판잣집조차 그에게는 그림의 소재가 되었지요.

"허수아비처럼 옷을 입고
캔버스를 겨드랑이에 끼고 붓과 연필이 가득 갇긴 가방을 들고
들판을 온종일 쏘다니는 저 미치광이는 대체 누구야?"
사람들이 수군대도, 빈센트는 그들을 무시했지요.
"저 사람들은 나를 미친개 취급하면서
혹시라도 내가 자기네 집에 들어갈까 봐 겁을 내는데 말이야, 나는 상관없어.
나는 그림으로 이 미치광이의 마음속에 무엇이 있는지를 가르쳐 줄 거니까!"

하지만 눈으로 보고 느낀 것을 캔버스에 옮기는 일은 어찌나 어렵던지!

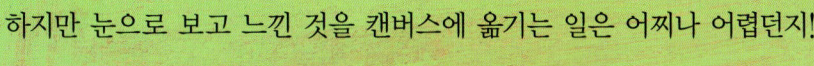

빈센트가 처음 쥐었을 때 빳빳하던 붓은
스케치, 수채화, 유화를 수없이 그리고 난 뒤 부드러워졌어요.
그는 캔버스에 들판과 초가집, 손으로 땅을 파는 농부,
그리고 그 손으로 감자를 먹는 사람들을 그리기 시작했어요.
"가치 있는 그림과 그렇지 않은 그림의 차이점은 뭐야?"
테오의 편지를 읽고, 빈센트는 답장을 썼어요.
"위대한 작가의 그림은 귀한 보석을 품고 있어. 바로 인간의 영혼이야.
나도 사람들의 마음을 파고들 수 있는 길을 찾고 싶어."

그는 어두컴컴한 풍경과 그곳을 배경으로 벌어지는
비참한 인간사, 고된 노동, 인내심을 땅의 색으로 다시 만들어 냈지요.
한편 파리에서는 아무도 어두운 그림을 좋아하지 않았어요.
"빈센트, 좀 더 밝게 그려 봐.
하긴, 네덜란드는 밝은 그림을 그리기에 알맞은 장소가 아니야."
바람은 속삭였어요.
"파리로 가. 테오에게 가라고.
인상파 화가들이 어떻게 작업을 하는지 지켜보라고."

빈센트는 파리의 탕기 아저씨 가게에서
다채로운 색과 빛으로 가득한 그림들을 발견했어요.
탕기 아저씨는 인상파 화가들의 작품을 사랑했고,
피사로, 로트레크, 쇠라, 고갱 등과 친구로 지냈어요.
이 예술가들은 자신들의 그림 스타일을 논의하러
날마다 탕기 아저씨의 가게를 찾았답니다.
빈센트는 그들을 바라보고, 존경하고, 그들이 몰고 온 바람에 사로잡혔어요.
바로 색과 감각에 대한 열정이었지요.

얼마 뒤 탕기 아저씨는 가게에 빈센트의 최신 그림을 걸어 두었어요.
이 그림들은 빈센트가 네덜란드에서 그렸던 그림과는 매우 달랐어요.
자신을 둘러싼 세계에 있는 색을 발견해 그린 것이었지요.
파리의 지붕, 몽마르트르 언덕의 풍차, 나무, 테라스, 정원은
전부 파란색과 녹색으로 가득했어요.
빨간 양귀비꽃과 노란 국화, 흰색 또는 분홍색의 장미도 있었어요.

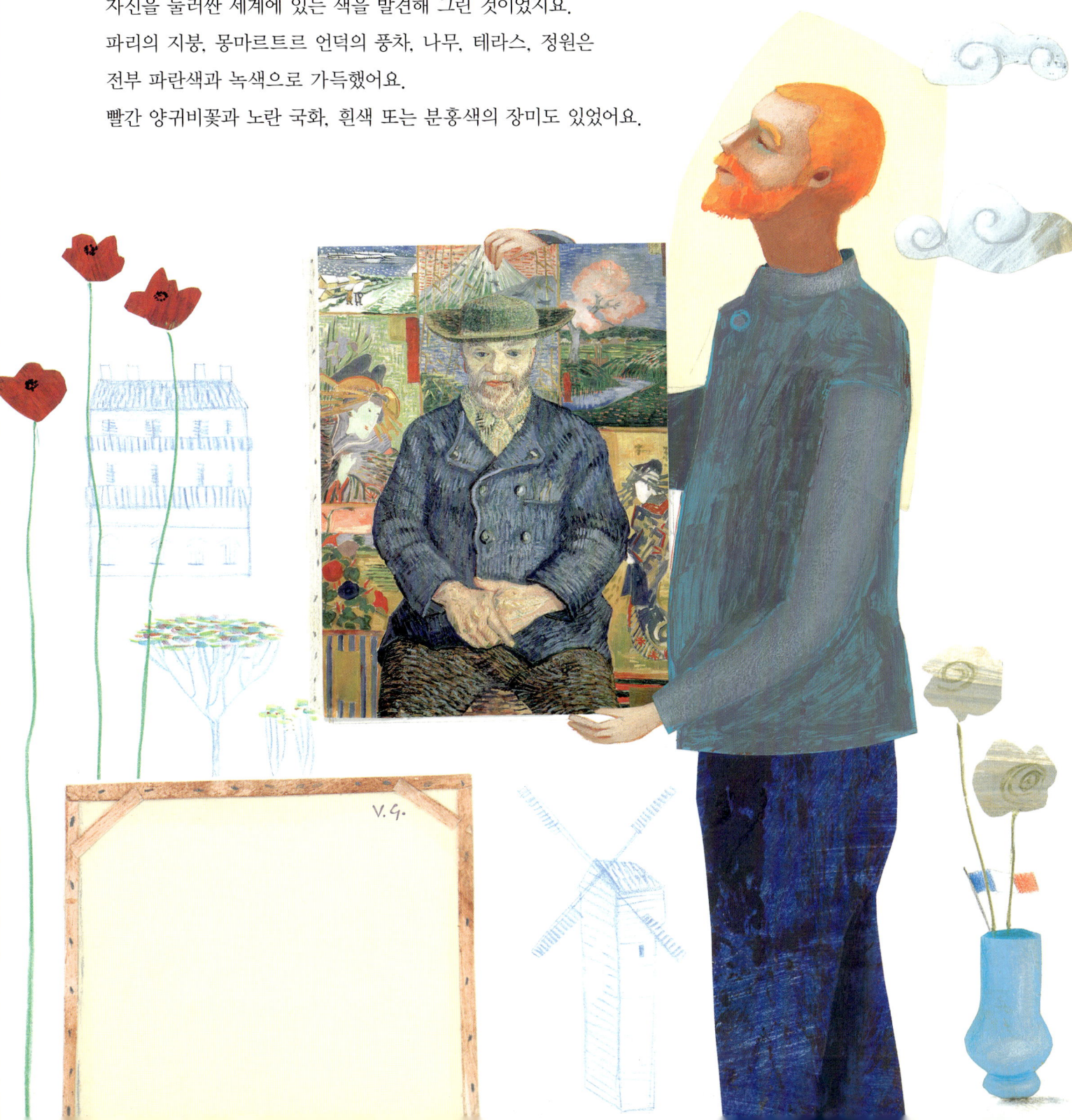

빈센트는 행복한 시간을 보냈어요.
테오와 함께 살고 있고, 많은 친구들이 있으니까요.
함께 그림 이야기를 하고, 자유롭게 그림 그릴 공간을 꿈꾸고.
서로의 초상화를 그려 주거나 술집에서 그림을 전시했어요.
때때로 다투기도 하며 시간은 빠르게 흘렀죠.
하지만 다툼은 점점 더 자주 싸움으로 바뀌었어요.
테오는 더 이상 빈센트와 함께 살기 어렵다고 느꼈어요.
빈센트는 하루가 다르게 참을 수 없는 존재가 되어 갔거든요.
아마도 그가 마시기 시작한 술이 문제였어요.
테오는 걱정이 되었어요.
한 화가 친구가 테오에게 말했어요.
"어제 탕기 아저씨 가게에서 말싸움이 벌어졌는데
빈센트가 크게 흥분한 나머지 사람들 앞에서 옷을 홀딱 벗어 버렸어."
그날 저녁 테오는 형에게 말했어요.
"형한테 도시살이는 꽉 끼는 옷을 입는 것과 같나 봐."

바람조차도 이렇게 말했어요.
"참을 만큼 참았어. 파리에서 더는 평화로운 삶을 기대하지 마.
이런 식으로는 작업할 수 없어!"

그렇게 바람은 빈센트를 밝은 태양 아래의 고요 속으로 보냈어요.

태양! 빛! 노란색! 프랑스 남부의 아를에서는 꿈조차도 색의 잔치였어요.
빈센트는 평화로웠고, 파리에서 만난 친구들과도 안정적으로 지냈어요.
"저 노란색 집 좀 봐, 빈센트! 저긴 화가들의 집이 될 거야."
바람이 말했어요.
빈센트는 그 집을 빌렸어요.
집에 있는 가구라고는 탁자뿐이었지만, 그 집이 예술과 행복으로 가득하다고 느꼈어요.
그는 곧 너른 사각형의 가구, 노란색 침대, 그리고 산더미 같은 그림으로 집을 꾸몄지요.
밤에는 꿈을 꾸고, 낮에는… 빛의 세계에 풍덩 빠져들었답니다!
그는 자연의 경이로움에 둘러싸여 파리에서 배웠던 모든 것을 제쳐 두었어요.
대신 색에 집중했고, 새로운 색을 만들어 냈지요.
수풀 그림자 속의 보라색 올리브, 은빛으로 빛나는 분홍색 바다. 밀로 만든 빵 껍질의 따뜻한 톤.
바람은 빈센트를 응원했어요.
"들판을 봐, 빈센트. 태양의 바다라고!"
붓질 하나에 다른 붓질이 잇따라 더해지고, 색깔은 연설 중에 단어가 쏟아지는 것처럼 서로를 쫓았어요.
그리고 금빛으로 반짝이는 밀단*이 캔버스에 담겼어요.
"해바라기 좀 봐, 빈센트! 볏단! 태양도!"
그의 태양은 너무나 밝은 나머지 석양에도 저물지 않을 것 같았어요.

*밀단 밀을 베어 묶은 단.

빈센트는 매일 바람의 등에 올라탔어요.
이젤을 메고 들판을 향해 발걸음을 내디뎠지요.

프로방스 지역에는 미스트랄*이라는 바람이 있어요.
바람이 강하게 불면 캔버스가 바다 위의 돛처럼 부풀었어요.
때로는 짓궂기도 했답니다.
"지긋지긋한 바람!"
빈센트는 거센 바람에 날아가 버린 종이를 주우러 가며 소리쳤어요.

빈센트가 적당한 장소를 찾으면 미스트랄은 그의 이젤을 날려 버렸어요.
빈센트는 말뚝과 줄을 이용하여 땅에 이젤을 고정했지요.
바람도 빈센트의 그림을 멈추게 할 수 없었어요.

*미스트랄 프랑스의 론강을 따라 리옹만으로 부는 강한 북풍.

어둠도 그를 멈출 수 없었어요.
해 질 녘이 되면 빈센트는 초를 끈으로 묶은 밀짚모자를 쓰고 길을 나섰답니다.
"나는 밤을 그리고 싶어."
"그 모자를 쓰고 그림을 그리겠다고? 넌 미친 게 틀림없어!"
바람이 속삭였어요.
"거리, 밝게 등을 켜 둔 카페……. 무엇보다 하늘!"
어느 날은 빈센트가 테오에게 이런 내용의 편지를 썼어요.
"나는 손에 닿을 수 없는 별을 갖고 싶어."
별을 손에 넣을 수는 없겠지만, 적어도 그림에서는 시도할 수 있었어요!
어둠 속에서 초록색, 노란색, 하얀색, 연한 파란색으로 반짝이던 별은
빈센트의 캔버스 안에서 에메랄드, 오팔, 다이아몬드, 사파이어가 되었어요.
하지만 카페에는 술에 취한 사람들이 자주 드나들었어요.
빈센트는 지옥에 온 것 같다고 느꼈어요.
그래서 와인색으로 벽을 칠하고 가스 등을 유황색 눈처럼 그렸어요.
유황색은 밤이면 밤마다 그가 앉은 테이블 옆에
맥없이 앉아있던 농부의 얼굴을 그리던 색이기도 했어요.
그 색들은 사람과 사물에 대해 빈센트가 느끼는 것을 이야기해 주었어요.
다른 곳에 존재하는 밤, 또 다른 현실에 대해 말하고 있었지요.
파리에서 이 그림들을 본 테오는 매우 놀랐답니다.

고갱도 벼락을 맞은 듯 번뜩였어요.
그는 빈센트가 오랫동안 기다리고 있었던 아를에 가기로 했어요.
비로소 두 친구는 노란 집에서 함께 살게 된 거예요.
벽에 걸린 그림은 햇살을 가득 머금어 금빛으로 빛났어요.
고갱은 빈센트가 자신을 위해 그린 해바라기에서 향을 맡을 수도 있을 것 같았지요.

그들은 그림에 대한 열정, 새로운 색을 찾으려는 열망에 사로잡혀 처음에는 잘 지냈어요.
하지만 그다음에는?
두 개의 화산이 폭발하지 않고 나란히 있을 수는 없는 노릇이었지요.
"당신은 정리라고는 할 줄 모르는군요."
고갱은 바닥 곳곳에 널브러진 물감들을 주우며 빈센트를 나무랐어요.
"생각 없이 돈을 쓰는군요!"

"정신 반쪽은 어디에 놓고 작업하나요, 고갱!
반은 여기에 두고 반은 파리에 두었나요?"

시간이 지나면서 즐거웠던 처음의 환희는 녹아내렸어요.
심한 비난, 험악한 표정과 함께 몸싸움이 뒤따랐지요.
빈센트는 우울해졌어요.
어느 날 한밤중에 잠이 깬 고갱은 서 있는 빈센트를 발견했어요.
어느 날 한밤중에 잠이 깬 고갱은 서 있는 빈센트를 또 발견했어요.
고갱은 더 이상 참을 수가 없었지요. 그는 파리로 돌아갔어요.

벼랑 끝에 몰린 빈센트는 절망에 빠져 어리석은 판단을 했어요.
자신의 귀를 자르고 만 것이에요.
"도대체 무슨 짓을 한 거야? 그 사람 미친 거 아니야?"
의사가 그를 병원에 데려가는 순간에도 이웃 사람들은 수군댔어요.

빈센트가 집에 돌아왔을 때 집에는 아무도 없었답니다.
슬픔.
고독.
그는 고갱의 의자를 그렸어요.
책과 초가 놓인 의자는 우아했지요.
빈센트는 본인의 의자도 그렸어요.
파이프와 담배가 놓인 의자는 수수해 보였어요.
그러나 어떤 의자에도 사람은 앉아있지 않았어요.
색으로 함께 세상을 정복하자고 했던 친구는 어디로 간 걸까요?
그가 오랫동안 꾸었던 꿈은 어디로 갔을까요?
빈센트는 몸이 좋지 않았어요. 마음도 안 좋았지요.
다시 제정신이 들자 그는 거울 속 자신을 바라보았어요.
다친 귀를 잊지 않으려면 붕대로 싸맨 나 자신을 그려야 하는 걸까요?

잘못된 선택은 계속, 계속 반복됐어요.
빈센트는 더 이상 혼자 살 수 없었어요.
그는 차라리 정신병원에 들어가는 편이 낫겠다고 테오에게 편지를 보냈어요.
"나는 생레미의 정신병원에 있어.
여기서라면 나는 안전해. 사람들이 치료해 주고 있어.
주변의 경치는 너무나 아름답고 정원에는 보랏빛 붓꽃과 라일락 넝쿨이 있어.
매섭게 몰아치던 지긋지긋한 미스트랄은 이제 없어!"
빈센트는 눈으로 바람을 쫓으면서도 손에는 붓과 팔레트를 놓지 않았어요.
"잡을 테면 잡아 봐! 여기에 있어, 삼나무 꼭대기에 말이야." 바람이 외쳤어요.
"잡았다!"
"난 올리브 나무 속에 있지."
"잡았다!"
"여기 양귀비와 밀로 파도를 만들어 내고 있지.
위를 쳐다봐. 나는 구름 위에 있어.
별과 달 주위를 빙글빙글 도는 나를 봐!
아래를 내려다 봐. 나는 덤불 속에 있어! 나는 풀밭에 있다니까.
게다가 이것 봐. 나는 심지어 산도 움직일 수 있다니까?"
빈센트는 항상 바람을 잡을 수 있었어요.
그의 캔버스는 색으로 가득했어요.
그리고 바람도 가득했답니다.

그의 기이한 행동은 사라졌다가 다시 돌아왔다가 다시 사라지기를 반복했어요.
마치 바람처럼요.
마침내 빈센트는 동생 곁에서 살기로 결심했어요. 테오도 그러자고 했지요.
테오는 빈센트를 의사인 가셰 선생에게 데려갈 생각이었어요.
가셰 선생은 파리 근처 오베르쉬르우아즈*에 살면서 화가들과 가깝게 지내고 있었어요.
그는 빈센트를 고쳐 주겠다고 약속했지요.
빈센트는 매일 가셰 선생을 보러 갔어요. 그들은 종종 그림 이야기도 나누었지요.
"테오가 파리에서 그림을 한 점 팔았다고 하는군요!"
어느 날 가셰 선생이 말했어요. 빈센트는 힘없이 고개를 끄덕였어요.
"드디어 누군가가 내 그림의 가치를 알아주는군요."
화가가 편안하게 살기 위해서는 얼마나 많은 그림을 팔아야 할까요?
1,000점? 3,000점?
빈센트는 700점의 그림을 그렸지만, 이제 겨우 하나 팔았을 뿐이었지요.
"오늘은 기분이 어떤가요?"
빈센트는 그에게 방금 그린 볏단 그림을 보여 주었어요.
"볏단이 마치 불길 같군요, 빈센트."
"제 머릿속 생각과 같아요."

*오베르쉬르우아즈 프랑스의 교외 도시로, 고흐가 마지막으로 살던 마을.

7월의 오베르쉬르우아즈 하늘은 금방이라도 폭풍이 들이닥칠 것 같았어요.
빈센트는 가셰 선생과도 사이가 멀어졌어요. 점점 더 외롭고 우울해져 갔지요.
"거친 하늘 아래 드넓은 밀밭은 내 슬픔과 고독을 표현하는 데 전혀 문제가 없어."
테오에게 편지도 썼어요.

빈센트는 작품을 거의 끝내 갔어요. 오늘에라도 완성할 수 있었지요.
다시 밀밭으로 돌아가 고개를 들어 하늘을 바라보았어요.
무거운 쇠사슬처럼 구름을 몰고 오는 바람을 찾았어요.
그는 자신의 주머니 속에 손을 넣어 권총의 차가운 금속을 어루만졌어요.
다른 손으로는 그림을 그리기 시작했답니다.
바람이 부는 그곳에서 밀 이삭은 부서지고 붓놀림도 멈췄어요.
까마귀 한 무리가 멀리서 깍 소리를 내며 울었지요.
빈센트는 까마귀가 나는 곳으로 눈을 돌려 그것을 캔버스에 옮겼답니다.

까마귀의 날갯짓이 주변을 가득 채웠어요.
숨이 막힐 것 같았어요.

허공에 총소리가 울려 퍼지고 땅 위로 붓이 떨어졌어요.
까마귀들은 놀라 푸드덕 날아올랐어요.

빈센트는 상처를 입은 채로 저녁이 돼서야 집에 돌아왔어요.
다음 날 테오는 오베르쉬르우아즈로 달려갔지요.
두 형제에게 추억을 나눌 시간이 얼마 남지 않았어요.
그리고 그날 밤, 빈센트는 사망하고 말았어요.
1890년 7월 29일, 겨우 37세의 나이였어요.

빈센트의 친구들은 그의 무덤 앞에 해바라기를 놓았어요.

파리에서 테오는 슬픔에 잠겼어요.
"빈센트……. 이제 남은 것은 형이 그린 그림뿐이야. 내가 이 그림을 팔아야겠어."

반쯤 열린 창문으로 한 줄기 바람이 세차게 불어왔어요. 덕분에 창문이 활짝 열렸지요.
바람에 흔들리는 촛불이 캔버스의 그림 색을 더욱더 선명하게 비췄어요.
마치 해바라기가 흔들리고 별이 움직이며 밀이 귀를 기울이고
삼나무가 고개를 숙이는 것 같았지요.
"너는 언제까지나 나의……."
바람이 속삭였어요.
그 순간 마지막으로 차가운 바람이 불면서 촛불은 꺼졌답니다.

테오는 1891년 1월 25일에 사망했어요. 빈센트가 죽고 6개월이 지난 뒤였답니다.